MORE LIZARDS

```
N  K  N  I  K  S  L  T
E  O  D  S  F  D  J  U
N  L  H  R  N  I  F  R
A  A  I  T  A  A  D  T
M  B  P  T  Y  Z  K  L
E  L  M  I  P  P  I  E
B  B  J  A  A  E  Y  L
A  J  E  Y  M  T  R  A
```

LIZARD	MAMBA
PYTHON	REPTILE
SKINK	SNAKE
TAIPAN	TURTLE
TURTLE	TURTLE

MORE CREATURES

```
F  M  R  E  V  A  E  B
V  N  O  O  M  C  N  N
N  A  N  L  N  O  U  A
U  R  Y  S  E  X  M  N
T  W  M  N  N  R  B  D
R  H  P  I  E  X  A  U
I  A  H  C  F  S  T  T
A  L  D  N  E  W  T  A
```

BEAVER	MOLERAT
NANDU	NARWHAL
NENE	NEST
NEWT	NUMBAT
NUTRIA	NYMPH

ANIMALS R COOL

```
E  C  O  P  P  I  H  W
K  R  E  T  S  M  A  H
H  A  R  E  S  R  O  H
W  B  U  G  O  O  S  E
G  N  I  R  R  E  H  Z
Y  H  E  R  O  N  X  W
A  U  E  K  W  A  H  N
H  O  R  N  E  T  H  T
```

BUG	CRAB
GOOSE	HAMSTER
HARE	HAWK
HEN	HERON
HERRING	HIPPO
HORNET	HORSE

Puzzle #4

MORE HALLOWEEN

O	I	Y	L	N	P	A	N
D	C	N	P	U	N	E	I
G	R	C	I	E	O	H	V
O	Y	A	E	F	E	H	I
B	P	N	C	V	F	R	G
L	T	D	O	U	A	O	C
I	T	L	A	V	L	R	C
N	Z	E	P	B	A	A	G

CANDLE	COFFIN
CREEPY	CRYPT
DRACULA	GHOUL
GOBLIN	GRAVE

FINDING ANIMALS

```
D  L  E  M  M  I  N  G
N  G  A  R  N  V  E  B
L  R  U  D  U  O  D  D
L  I  O  B  Y  M  I  X
D  A  C  H  E  B  E  L
B  X  R  E  G  N  U  L
X  W  W  V  E  E  U  G
T  O  U  C  A  N  L  J
```

JUNEBUG	LADYBUG
LARVA	LEGHORN
LEMMING	LEMUR
LICE	LION
TOUCAN	

LETS GO

X	F	H	F	V	X	Q	K
H	O	L	I	D	A	Y	T
Y	D	L	O	K	O	H	A
E	N	I	L	R	I	A	J
G	U	J	F	O	I	N	E
Y	L	O	M	M	R	D	G
L	S	A	X	E	T	T	A
W	S	E	I	V	O	M	S

AIRLINE	FLORIDA
HIKING	HOLIDAY
MOVIES	ROME
STROLL	TEXAS

CHRISTMASTIME

```
U  W  R  E  A  T  H  P
N  D  N  G  Y  B  I  R
P  A  A  X  D  E  B  E
Z  A  M  D  G  S  T  S
S  I  P  W  I  N  F  E
X  G  L  E  O  V  C  N
F  T  N  E  R  N  A  T
A  X  H  Z  F  J  S  N
```

FELIZ   NAVIDAD

PAPER   PRESENT

SNOWMAN   WREATH

MORE COOL CRITTERS

```
M  Y  B  A  L  L  A  W
Q  U  A  I  L  Y  I  A
W  H  S  E  A  L  V  L
A  U  R  S  B  S  H  R
S  C  Z  E  O  L  H  U
P  P  A  C  P  P  Q  S
J  Q  H  E  B  I  O  C
E  R  U  T  L  U  V  K
```

OPOSSUM	QUAIL
SEAL	VIPER
VULTURE	WALLABY
WALRUS	WASP

K ANIMALS

F	K	I	W	I	S	R	D
A	E	A	A	F	Y	D	S
E	L	G	K	R	I	L	L
N	K	A	R	A	K	U	L
K	C	G	O	P	P	N	B
Q	U	Z	F	K	O	O	M
D	I	D	Y	T	A	K	G
W	C	U	U	P	J	X	U

KAKAPO   KARAKUL

KATYDID   KIWI

KOALA   KRILL

KUDU

Puzzle #10

PEOPLE

```
M  L  V  H  B  B  C  W
O  N  L  O  C  N  I  L
N  E  P  U  O  A  Q  Z
E  W  L  D  E  B  F  N
T  T  A  I  Q  E  O  R
G  O  T  N  L  P  R  R
H  N  O  I  C  A  D  F
T  R  A  Z  O  M  G  D
```

FORD	GALILEO
HOUDINI	LINCOLN
MONET	MOZART
NEWTON	PLATO

CHRISTMASTIME

D C H I M N E Y

E E G G N O G T

F H P L O D U R

R B F M E S Y H

O T E R K G P X

S I E L A U N P

T Q O J L C W A

Y X A J X S S M

ANGEL   BELLS

CHIMNEY   EGGNOG

FROSTY   RUDOLPH

SCARF

ANIMALS ARE COOL

```
H  I  H  D  Z  T  N  L
H  E  L  T  R  U  T  L
R  K  X  D  O  E  P  A
C  E  O  O  D  L  H  M
R  L  H  G  F  K  S  A
O  X  I  P  L  Y  C  Y
W  H  Y  O  O  E  O  X
O  D  B  E  N  G  W  R
```

APE	COW
CROW	DOG
ELK	FOX
GOPHER	HERD
LION	LLAMA
SLOTH	TURTLE
TURTLE	

I ANIMALS

H D O P O S I K

Y O D B Q S N A

I W A R Z O S K

M O P N M L E I

P I G M A Q C P

A C B A Z U T N

L I P I M I G A

A K Z Y S I D I

IBIS   IGUANA

IMAGO   IMPALA

INSECT   ISOPOD

Puzzle #14

KNOW ANIMALS

B K N O S I B U

I I E L T E E B

V L B C Z C B B

A B E A G L E E

L E A H N G D E

V A V B I L B Y

E R E O B L U P

B I R D K V G H

BEAGLE	BEAR
BEAVER	BED BUG
BEE	BEETLE
BILBY	BIRD
BISON	BIVALVE

HOUSEHOLD ITEMS

```
C  C  E  T  K  E  A  E
T  H  R  G  N  S  X  V
N  A  A  A  A  I  E  M
A  O  M  R  Y  R  A  D
X  F  T  R  G  O  A  P
D  M  Z  T  O  E  N  G
T  S  E  V  U  O  R  S
E  M  A  R  F  B  D  E
```

BUTTON

CRAYONS

DOORMAT

GARAGE

VEST

CHARGER

DESK

FRAME

PAINT

REPTILES

```
R  E  D  D  A  S  P  M
J  C  N  D  F  B  Q  B
G  N  A  O  K  C  E  G
A  S  A  I  G  B  N  X
V  R  S  R  M  A  T  D
I  Y  B  S  L  A  R  Q
A  A  N  O  L  E  N  D
L  S  M  M  C  K  K  W
```

ADDER   ANOLE

ASP   CAIMAN

COBRA   DRAGON

GAVIAL   GECKO

SPRINGTIME

R	S	Y	C	B	N	Z	M
A	S	E	S	H	M	U	M
I	X	T	T	E	I	A	S
N	R	G	N	I	E	C	L
G	O	R	F	A	K	B	K
M	B	A	Y	N	N	U	B
R	I	A	P	R	I	L	V
A	N	R	E	W	O	L	F

ANTS	APRIL
BEES	BUNNY
CHICK	FLOWER
FROG	KITES
LAMB	RAIN
ROBIN	SUN

Puzzle #18

FIND COOL CRITTERS

S E L O P D A T
U W T A R P O N
N Z A R I P A T
F S W N D N J P
I R E G A N A T
S T O R K A V G
H U T F I W S R
A N I R A M A T

STORK

SWAN

TADPOLE

TANAGER

TARPON

SUNFISH

SWIFT

TAMARIN

TAPIR

WINTER HOLIDAYS

```
Y  Z  T  I  N  S  E  L
Q  Q  Q  K  G  K  B  F
H  S  U  P  M  A  R  K
H  A  R  O  N  E  M  A
Y  K  B  C  Y  U  L  E
P  E  I  C  I  C  L  E
B  M  W  R  E  A  T  H
W  A  S  S  A  I  L  T
```

ICICLE	KRAMPUS
MAGI	MENORAH
TINSEL	WASSAIL
WREATH	YULE

NEW YEARS EVE

```
T  J  A  N  U  A  R  Y
Q  K  I  D  B  Y  V  N
J  B  C  L  O  C  K  P
G  N  I  C  N  A  D  A
S  D  O  O  F  C  J  R
O  S  T  F  I  G  N  A
S  E  I  T  R  A  P  D
H  Z  I  K  E  L  M  E
```

BONFIRE
DANCING

GIFTS

KISS

PARTIES

CLOCK

FOOD

JANUARY

PARADE

U ANIMALS

URCHIN

B ANIMALS

```
T  C  N  A  G  B  D  M
L  A  K  O  K  E  R  V
R  I  B  B  O  D  S  B
R  E  V  A  E  B  G  I
J  B  Y  S  D  U  A  L
O  M  E  S  J  G  B  B
J  B  E  A  G  L  E  Y
D  R  I  B  R  G  E  R
```

BABOON	BADGER
BASS	BAT
BEAGLE	BEAR
BEAVER	BED BUG
BEE	BILBY
BIRD	

Puzzle #23

MID FALL

W C L E A V E S

S Z H J R K F D

H E R I F N O B

I S L I L T L S

K X R P T L I S

I X D T P Y A O

N R A K E A G U

G D W O R C E P

APPLES

CHILL

FOLIAGE

LEAVES

SOUP

BONFIRE

CROW

HIKING

RAKE

MORE ANIMALS

```
J  J  E  R  B  O  A  E
P  C  R  Y  G  U  P  S
U  O  R  A  M  O  T  H
F  G  O  A  U  C  N  A
F  H  A  D  N  G  J  R
I  H  M  J  L  E  A  K
N  U  U  J  O  E  Y  J
O  G  N  J  U  N  C  O
```

CRANE	JAGUAR
JAY	JERBOA
JOEY	JUNCO
MOTH	POODLE
PUFFIN	PUG
SHARK	

VALENTINE'S HOLIDAY

```
C  U  P  I  D  I  R  H
S  A  Y  X  E  S  Y  U
T  E  N  R  I  M  U  G
E  F  S  D  O  V  E  S
D  T  I  O  Y  M  F  L
L  X  A  G  R  E  E  E
Y  P  S  D  R  A  C  O
D  I  A  M  O  N  D  G
```

CANDY	CARDS
CUPID	DATE
DIAMOND	DOVE
GIFT	HUGS
ROMEO	ROSES
SEXY	

BIRD STUFF

```
F  W  E  Y  N  L  W  O
E  A  A  L  M  E  H  J
N  T  M  C  O  X  N  W
N  I  A  A  A  I  Q  E
N  A  T  R  G  M  R  D
E  B  N  R  G  P  M  O
W  E  B  D  A  I  I  A
T  S  E  N  U  M  M  E
```

MACAW	MAGPIE
MARTIN	MIGRATE
MOA	NANDU
NENE	NEST
ORIOLE	OWL

COOL CREATURES

M	L	A	H	H	K	Z	Y
U	R	A	G	T	Z	S	I
A	Z	K	Z	G	A	Y	D
L	K	D	W	T	A	R	X
R	I	K	U	A	E	U	F
V	A	A	O	C	H	U	Q
C	Q	Y	U	U	K	V	Q
L	L	O	U	Q	Q	Q	M

DUCK

QUAGGA

QUETZAL

QUOLL

RAY

HAWK

QUAIL

QUOKKA

RAT

KINDS OF CRITTERS

```
D  D  O  G  D  O  V  E
O  C  A  R  I  B  O  U
N  M  L  D  O  R  Y  T
K  L  B  E  Q  A  N  T
E  B  N  A  M  I  A  C
Y  B  U  F  F  A  L  O
L  A  C  A  R  A  C  L
P  C  A  N  A  R  Y  P
```

ANT	BUFFALO
CAIMAN	CAMEL
CANARY	CARACAL
CARIBOU	DOG
DONKEY	DORY
DOVE	

KNOWING ANIMALS

```
K  R  B  A  B  O  O  N
V  R  E  Q  S  P  S  T
Y  I  A  G  G  S  F  I
B  J  G  H  D  C  A  L
H  W  G  F  S  A  P  B
T  A  B  S  Z  M  B  R
N  A  C  E  O  E  B  B
R  I  B  Q  J  L  O  A
```

BABOON	BADGER
BASS	BAT
CAMEL	SHARK

ACTIONS

B K G S B F N C
A B B P A I D A
T S O Q K L I M
H E W Y I M V P
I W L W N I I I
N I I L G N N N
G N N V A G G G
W G G N T B A V

BAKING	BALLET
BATHING	BOWLING
CAMPING	DIVING
FILMING	SEWING

Puzzle #1

9x9 Sudoku

			6		5	7		
5	4		7	3			9	2
		3				4		
6		4	5					7
7		1				5	6	8
			3		6			
3	6	5	1	9	7			
2	8	9	4	6			7	5
	1		8				3	

Puzzle #2

9x9 Sudoku

5	7			6		2		8
		9	7	3	8		5	
4				1		9		7
3					1			
			6	2			9	1
		1	4			8		3
9	5			4	6			2
7		2			9	5	4	
	6		5		2			

Puzzle #3

9x9 Sudoku

			1		7			
	7						5	1
1		2		5	3	8		7
			3		1			
				7	5		4	2
5	9	3			4		7	8
2	1				9	6	8	
4			5		6			
		7		2	8			9

Puzzle #4

9x9 Sudoku

2		8	5		1	9	7	
	1	5	3			4		
4				9	6	1	8	
5	9				4			8
	3		6	1			9	
		4		8		6		7
	8	9			3			2
		2				3	5	
					7		6	9

Puzzle #5

9x9 Sudoku

	5		2	6	7	9		
3			1	9	5	8		2
2		9	8	4			5	6
		3	5				8	
		4				6	3	7
		6	3	2			9	
		1		8			6	9
				5	1			
		8	4			5		

Puzzle #6

9x9 Sudoku

2	5							6
1	8	6	5					
3	6	8	9					7
		9		4	6	5	3	
1	6	3		5				
	4		2			1		
		1		9		7		
	9			3		6	8	
6	7	2				9		

Puzzle #7

9x9 Sudoku

	9			2	5		4	
				1				5
5	1	3	8			6	7	2
7	2					5		
		6		5				9
	3		9	6	8			4
9		1	5	7			6	3
4			3				1	7
		7	1		2			

Puzzle #8

9x9 Sudoku

	1			7			4	
4			2		5		9	6
2	5	6				8		3
	3	1						8
6					3		1	5
5		8			9	2		
7				6			8	9
		3					5	4
			3	4	7			1

Puzzle #9

9x9 Sudoku

			7		3	4	5	8
				9			1	
	1		6		5	7	9	2
3	6		5				4	1
9		1		6	8	3		
5		7		4		9		6
1			9	3				
		9			7		3	
	3	8	1	5				9

Puzzle #10

9x9 Sudoku

.	3	2	5	.	.	.	.	6
.	.	.	6	.	1	2	.	5
.	4	.	.	.	2	9	1	8
.	8	.	9	.	.	3	2	1
9	6	.	1	2	3	8	.	4
2	.	3	.	.	.	.	.	7
.	.	6	2	.	7	.	.	3
.	.	8	.	.	.	.	.	.
3	.	1	.	.	.	4	.	9

Puzzle #11

9x9 Sudoku

	3	7	6	2	1			
4	8	1			5			
5			7	4		1		9
3		4	1	8	6	7		5
	9		2			8	1	
	6				7			
	4				3		7	
		9					5	4
1			4	7				2

Puzzle #12

9x9 Sudoku

5			2	7	8			
2			9		1		5	
4		9		5			8	2
6			8	3		4		
	4		1		9		2	
1	9				5		3	
8	2	7	5		4	3	9	
			3		6			5
						8	4	

Puzzle #13

9x9 Sudoku

6							3	7
2		7	9	5	6			1
	4			7		9		5
	2			3	5		1	
5		6				2		4
	7	1			8	5	9	
		4		6		7		3
	5	3			1		4	
7			4					

Puzzle #14

9x9 Sudoku

3		9		2	8			
6	1					5		
8		7	6			1		9
	8		2		9	3		
	9	2		3	1	7		
4							9	2
			9		3	6	8	7
	6		4				1	
1		3	6			9	4	

Puzzle #15

9x9 Sudoku

							6	4
		4	2	1	3	5		
	5			4		2	1	
		7				6		2
4					2	9		
6		2			8	7	4	1
	4	6			9		7	
5			8	6		4	2	
2	9			5		1		6

Puzzle #1

6x6 Sudoku

		6		4	5
	3	5	1	6	
					6
6				1	3
			6		4
2	6			3	

Puzzle #2

6x6 Sudoku

	5	3		2	4
2	3	5		6	1
	1				
3		1			6
	6	4		1	2

Puzzle #3

6x6 Sudoku

		2	1	5	4
4		1		3	6
	3	5	4		
2		4		6	5
1		6	5		3
			6		

Puzzle #4
6x6 Sudoku

			1		
1	3	2		4	
6			2	5	
5	2		1		
3	5			2	1
		1		6	

Puzzle #5

6x6 Sudoku

5		2			
6	1	4	3		5
1	4		5	3	2
				6	
		1	4		
4					3

Puzzle #6

6x6 Sudoku

	5	3	2		4
4	2	1			
3	4			1	2
			5	3	
	6	4			
1		2	4		5

Puzzle #7

6x6 Sudoku

	6				3
	4		5	2	
3				6	
	2	4	3		
5	1	6	4		
4		2	6	5	

Puzzle #8

6x6 Sudoku

2	3		4		
1	6		2		5
4		6	3		
3	2				
5	4		1	2	
6		2		4	

Puzzle #9

6x6 Sudoku

		3		6	2
6		2	4		3
		1		5	4
5	6				
4	2	6			
	1	5	2		6

Puzzle #10

6x6 Sudoku

6	4	2	1		3
	5	1			4
2			4		
1	3	4		2	5
4	2				6
5	1		3	4	

Puzzle #11

6x6 Sudoku

	3				5
			4	3	6
4	5				2
1	2		5	4	
		5	6	2	
2		1		5	4

Puzzle #12

6x6 Sudoku

2	1	3		4	5
4		6		1	3
6			5	3	
5			4		6
3	6		1		2
				6	

Puzzle #13

6x6 Sudoku

3			2	6			1
1	4						
			3				
5	1						
	3		5	1		2	
	6		1	3		5	4

Puzzle #14

6x6 Sudoku

		5	2		1
1			6		4
5	1	6	4		
4					
3	5	4		2	6
2		1		4	

Puzzle #15

6x6 Sudoku

4	2			3	
	1	3			4
3		1	5	4	
		2			6
	5	6		2	3
	3		1	6	5

MORE INSECTS

APREP PASW _ _ _ _ _ _ _ _ _ _

LETPOARPPHN _ _ _ _ _ _ _ _ _ _ _

ODNP TERKAS _ _ _ _ _ _ _ _ _ _ _

APUP _ _ _ _

CAHOR _ _ _ _ _

EBBRRO LYF _ _ _ _ _ _ _ _ _ _

BSAACR _ _ _ _ _ _

ORIMWKSL _ _ _ _ _ _ _ _

FHSERLVISI _ _ _ _ _ _ _ _ _ _

PKSPIER _ _ _ _ _ _ _

ISBEPUTTLG _ _ _ _ _ _ _ _ _ _

IAGPTSNRLI _ _ _ _ _ _ _ _ _ _

BEACH STUFF

RALANCBE
IBAGHTN UTIS

_ _ _ _ _ _ _ _

_ _ _ _ _ _ _ _ _ __ __

AYB

_ _ _

EABHC

_ _ _ _ _

CBHABLAL

_ _ _ _ _ _ _ _ __

E KIIBNI

_ _ _ _ _ _

DKABLAR

_ _ _ _ _ _ _ _

WO TAOB

_ _ _ _

OGEIOB

_ _ _ _ _ _ _ _ __ __

DAROB PACE

_ _ _ _

MAANTAACR

_ _ _ _ _ _ _ _

LACM

_ _ _ _

BUGS

EJUN GBU

_ _ _ _ _ _ _

DKYDATI

_ _ _ _ _ _ _

NIGKSIS GBU

_ _ _ _ _ _ _ _ _ _ _

GIWELNAC

_ _ _ _ _ _ _ _

DBLUAYG

_ _ _ _ _ _ _

ALVRA

_ _ _ _ _

OARHFPPELE

_ _ _ _ _ _ _ _ _ _

ICEL

_ _ _ _

TOSCLU

_ _ _ _ _ _

SEOLU

_ _ _ _ _

NLUA HOTM

_ _ _ _ _ _ _ _ _

OAMGGT

_ _ _ _ _ _

WATERS

OAOYRR

_ _ _ _ _ _

SBINA

_ _ _ _ _

AYB

_ _ _

UYBOA

_ _ _ _ _

EDBN

_ _ _ _

GHITB

_ _ _ _ _

ONIGLBLAB

_ _ _ _ _ _ _ _ _

GBO

_ _ _

KORBO

_ _ _ _ _

AACLN

_ _ _ _ _

AARCCTAT

_ _ _ _ _ _ _ _

ENHCLAN

_ _ _ _ _ _ _

IMPORTANT INSECTS

MAUSBH GBU TAN

_ _ _ _ _ _ _ _ _ _ _

PDAIH

_ _ _

ROWYAR

_ _ _ _ _ _

MM SSIAASSN GBU

_ _ _ _ _ _ _ _

_ _ _ _ _ _ _ _ _ _ _ _

LSAAT OTHM

_ _ _ _ _ _ _ _ _ _

CMKBMESIWRA

_ _ _ _ _ _ _ _ _ _ _

DEBGUB

_ _ _ _ _ _

EBE

_ _ _

LEEBTE

_ _ _ _ _ _

UETBL

_ _ _ _ _

ERBOR

_ _ _ _ _

SCARY STUFF

```
P  U  M  P  K  I  N  S  P  G
E  I  B  M  O  Z  H  A  R  O
D  R  A  Y  E  V  A  R  G  W
M  V  O  D  X  Q  L  A  V  E
O  Y  T  X  E  B  L  H  A  R
N  Y  O  E  I  G  O  R  M  E
S  O  R  I  R  C  W  N  P  W
T  C  U  A  R  C  E  C  I  O
E  V  N  N  C  Y  E  M  R  L
R  E  D  I  P  S  N  S  E  F
```

GRAVEYARD	HALLOWEEN
IGOR	MONSTER
PUMPKIN	PUMPKINS
SCARY	SECRET
SPIDER	VAMPIRE
WEREWOLF	ZOMBIE

S CRITTERS

```
R  S  E  A  O  T  T  E  R  S
N  A  W  S  L  K  F  R  K  H
Q  R  T  O  R  A  R  K  A  R
G  C  S  S  C  O  E  A  K  E
W  N  V  Z  A  A  H  S  H  W
P  E  E  H  S  E  E  A  C  S
M  R  O  W  A  E  S  S  E  Q
V  Q  W  N  O  I  L  A  E  S
M  S  C  O  R  P  I  O  N  E
C  G  M  S  E  R  V  A  L  X
```

SCORPION	SEA COW
SEA OTTER	SEA STAR
SEA WORM	SEAHORSE
SEAL	SEALION
SERVAL	SHARK
SHEEP	SHREW

Puzzle #3

MIGRATION BUDDIES

```
E  R  K  W  O  R  R  A  P  S
R  S  H  R  I  K  E  D  Y  S
P  E  Y  Z  A  F  D  T  W  N
V  A  P  A  K  L  S  F  K  O
S  B  O  I  J  R  Y  V  X  W
W  I  N  E  P  B  O  K  F  B
I  R  Y  A  P  D  U  T  S  I
F  D  G  F  W  I  N  R  S  R
T  N  I  T  S  S  N  A  C  D
L  W  O  Y  W  O  N  S  S  S
```

SANDPIPER	SCRUB JAY
SEABIRD	SHRIKE
SKYLARK	SNIPE
SNOWBIRDS	SNOWY OWL
SPARROW	STINT
STORK	SWAN
SWIFT	

A ANIMALS

```
A  S  A  L  G  A  E  A  P  E
N  A  S  B  A  E  P  Y  W  T
A  K  I  O  A  B  L  H  A  M
C  L  R  R  R  L  E  O  I  Y
O  G  P  A  E  T  O  O  N  D
N  R  O  A  V  D  A  N  M  A
D  Q  Q  L  C  D  A  B  E  A
A  N  T  I  C  A  R  L  L  N
A  K  O  N  O  G  N  A  E  A
R  O  T  A  G  I  L  L  A  C
```

AARDVARK	ABALONE
AIREDALE	ALBATROSS
ALGAE	ALLIGATOR
ALPACA	AMOEBA
ANACONDA	ANGONOKA
ANOLE	ANT
APE	APHID

CHRISTMAS THINGS

```
S  N  O  W  M  A  N  Z  S  Z
N  A  M  S  Q  X  E  C  G  C
U  R  M  S  E  T  A  K  S  H
Y  V  O  T  F  E  K  W  S  O
J  T  Y  C  S  D  R  A  C  C
I  S  S  P  P  I  L  T  F  O
N  U  L  O  N  O  R  T  H  L
G  C  N  L  R  X  P  H  V  A
L  M  X  E  E  F  H  C  C  T
E  P  Q  V  R  B  W  D  P  E
```

BELLS	CARDS
CHOCOLATE	CHRISTMAS
FROSTY	JINGLE
NORTH	POLE
POPCORN	SKATES
SNOWMAN	TREES

WINTERTIME

```
B  M  J  T  J  P  L  S  S  K
O  I  C  O  K  O  Q  K  T  Y
R  S  I  B  R  V  Y  Y  Q  A
N  T  D  O  A  R  M  F  P  N
A  L  E  G  M  H  H  H  U  R
M  E  R  G  P  Q  S  B  Q  L
E  T  M  A  U  I  G  B  Y  C
N  O  L  N  S  T  F  I  G  J
T  E  C  A  L  P  E  R  I  F
S  C  H  O  C  O  L  A  T  E
```

CHOCOLATE   CIDER

FIREPLACE   GIFTS

JOYFUL   KRAMPUS

MISTLETOE   ORNAMENTS

TOBOGGAN

MORE B ANIMALS

```
B U T T E R F L Y E
B U L L F R O G G J
B B U M B L E B E E
X O V L L F F X Q R
I C N B U L L D O G
I F M Y Q G U A R B
G O L A F F U B E Z
Y L D S U I B B L L
S Y B A B H S U B H
Q M D I N A V H W Q
```

BONY FISH   BOXER

BUFFALO   BUG

BULL   BULLDOG

BULLFROG   BUMBLEBEE

BUSHBABY   BUTTERFLY

J ANIMALS

C	J	U	N	C	O	E	W	M	P
A	U	E	J	H	U	H	I	T	T
A	N	J	L	A	J	H	K	M	B
B	E	I	O	L	Y	Y	R	N	D
G	B	J	L	H	Y	E	O	J	B
L	U	E	D	E	N	F	X	X	S
T	G	R	X	W	V	D	I	J	F
B	L	B	J	P	P	A	O	S	U
W	S	O	Q	X	N	M	J	R	H
A	R	A	U	G	A	J	I	A	Y

JAGUAR	JAVELINA
JAY	JELLYFISH
JERBOA	JOEY
JOHN DORY	JUNCO
JUNEBUG	

CAN U FIND CRITTERS

```
D E C H I D N A E E
N R L L O U Q E A L
J D I L Q J D A R E
X M N B O J E R T P
F S T A E E L W H H
E B X E L U A I W A
F L I T R E L G O N
C B G T M G U B R T
K G O A Q P E Q M F
B G G G E L K G X F
```

BLUEBIRD	EAGLE
EARTHWORM	EARWIG
ECHIDNA	EEL
EGG	EGRET
ELAND	ELEPHANT
ELK	QUOLL

CHRISTMASTIME

```
S  Y  L  O  Y  J  I  R  L  N
F  P  Y  E  B  T  L  U  K  V
B  R  O  E  G  E  S  D  A  E
L  G  A  R  N  N  L  O  A  E
F  S  R  C  D  M  A  L  R  F
E  C  B  E  S  M  I  P  S  F
G  O  N  G  G  E  U  H  X  E
O  X  M  B  P  N  J  G  C  S
R  F  C  I  N  N  A  M  O  N
H  G  I  E  L  S  H  M  X  D
```

ANGEL	BELLS
CHIMNEY	CINNAMON
EGGNOG	FROSTY
GUMDROPS	MANGER
RUDOLPH	SCARF
SLEIGH	

Puzzle #11

CAR STUFF

```
Q  C  R  U  I  S  E  R  H  D
P  O  T  H  T  O  L  C  A  R
E  A  Q  C  O  U  P  E  R  A
A  S  L  D  O  M  I  L  D  G
U  W  R  Z  X  M  X  Y  T  S
T  C  L  A  J  Y  P  I  O  T
O  J  S  T  E  J  G  A  P  E
G  Q  B  L  E  H  U  G  C  R
R  A  C  H  P  L  D  D  U  T
A  L  S  D  O  R  T  O  H  B
```

AUTO	BUGGY
CAR	CLOTHTOP
COMPACT	COUPE
CRUISER	DRAGSTER
GAS	HARD TOP
HEARSE	HOT ROD
JEEP	LIMO

N O AND P DOG BREEDS

```
S  K  X  V  P  P  U  G  J  S
E  B  H  C  L  I  G  V  I  T
N  S  O  P  O  I  N  T  E  R
Q  O  E  L  X  F  X  C  E  M
B  N  L  G  L  M  C  P  D  G
S  S  X  L  N  U  W  A  C  A
I  N  Z  W  I  I  B  L  A  M
E  L  D  O  O  P  K  T  I  U
O  Z  R  Y  H  U  A  E  I  Z
R  E  H  C  S  N  I  P  P  P
```

PAPILLON	PEKINGESE
PINSCHER	PIT BULL
POINTER	POODLE
PUG	

G ANIMALS

B	G	E	C	K	O	G	N	A	T
G	N	N	E	F	F	A	R	I	G
N	A	O	U	V	W	S	S	M	O
E	O	V	D	J	G	T	K	G	L
V	L	B	I	O	O	R	H	E	D
T	E	L	B	A	T	O	U	R	F
G	L	S	E	I	L	P	J	B	I
G	O	L	O	Z	G	O	Y	I	S
K	A	A	U	O	A	D	Z	L	H
F	M	R	T	G	G	G	X	P	G

GAR	GASTROPOD
GAVIAL	GAZELLE
GECKO	GERBIL
GIBBON	GIRAFFE
GLYPTODON	GNAT
GNU	GOAT
GOLDFISH	GOOSE
GRUB	GULL

FIND THE ANIMALS

```
N  H  M  O  T  H  X  J  U  J
R  J  S  G  J  P  W  U  F  T
Y  E  A  I  U  R  S  N  O  E
R  R  I  V  F  B  G  C  O  P
Z  U  O  R  E  Y  E  O  J  F
A  Y  J  D  R  L  L  N  P  Y
F  C  R  A  N  E  I  L  U  C
H  U  T  O  Y  H  T  N  E  J
Q  D  J  E  R  B  O  A  A  J
I  F  R  A  U  G  A  J  S  I
```

CRANE	JAGUAR
JAVELINA	JAY
JELLYFISH	JERBOA
JOEY	JOHN DORY
JUNCO	JUNEBUG
MOTH	TERRIER

WILD ANIMALS

```
Z  H  G  N  I  L  K  C  U  D
E  Y  Y  F  H  N  B  U  C  W
U  N  D  E  T  O  A  D  D  O
B  I  E  O  K  C  D  M  I  R
F  A  E  K  C  N  S  O  U  M
G  O  R  F  C  R  O  W  V  H
F  L  A  C  S  I  P  D  E  E
T  O  U  C  A  N  H  S  I  F
U  H  S  I  F  T  A  C  A  O
J  E  L  L  Y  F  I  S  H  W
```

CALF	CHICKEN
CRAB	CROW
CUB	DEER
DONKEY	DOVE
DUCKLING	FISH
FROG	HUMAN
JELLYFISH	TOAD
TOUCAN	WASP
WORM	

TANIMALS

```
E  T  A  R  A  N  T  U  L  A
N  L  A  R  E  G  A  N  A  T
D  O  O  F  T  A  R  P  O  N
Q  A  D  P  I  R  H  T  T  D
T  R  O  O  D  O  N  Z  O  G
N  T  D  T  H  A  A  N  U  T
T  R  O  U  T  C  T  I  C  K
J  E  E  N  I  R  A  M  A  T
G  X  T  T  A  P  I  R  N  V
K  T  R  I  L  O  B  I  T  E
```

T REX	TADPOLE
TAMARIN	TANAGER
TAPIR	TARANTULA
TARPON	TERN
THRIP	TICK
TOAD	TOUCAN
TRACHODON	TRILOBITE
TROODON	TROUT
TUNA	

Puzzle #17

SCARY

```
X  G  H  O  U  L  X  N  W  E
R  I  P  M  A  V  P  E  E  R
T  C  E  P  S  C  R  V  T  B
Y  N  S  C  A  X  E  P  S  D
N  E  I  F  T  W  W  G  E  O
G  R  E  K  O  H  U  Z  T  H
T  P  L  Q  L  Z  T  X  B  U
G  H  B  W  F  Z  K  A  E  R
F  L  Y  C  B  N  I  L  B  O
G  J
```

BRUTE\	FIENDS\
FREAK\	GHOST\
GHOUL\	GOBLIN\
OGRE\	SPECTRE\
VAMPIRE\	WEREWOLF\

MORE FISH

```
H  M  H  S  I  F  K  C  A  J
N  S  E  S  M  I  N  N  O  W
P  I  I  G  I  C  I  J  Z  P
O  P  L  F  A  F  K  O  N  E
R  I  L  R  E  L  G  H  V  R
G  K  O  K  A  C  O  N  A  C
Y  E  A  A  E  M  I  D  U  H
D  O  C  G  N  I  L  O  O  L
C  C  H  Q  E  J  M  R  K  N
C  L  A  M  P  R  E  Y  Y  E
```

ICEFISH	JACKFISH
JOHN DORY	KOI
LAMPREY	LING COD
LOACH	LUNGFISH
MARLIN	MEGALODON
MINNOW	PERCH
PIKE	PORGY

KANIMALS

```
X  E  B  A  R  C  G  N  I  K
K  I  N  K  A  J  O  U  Z  J
Q  L  U  K  A  R  A  K  L  U
V  K  K  A  T  Y  D  I  D  P
V  A  D  N  K  R  S  X  X  J
E  K  J  G  I  V  J  V  E  H
U  A  K  A  J  W  J  L  Q  X
Z  P  U  R  L  L  I  R  K  R
Z  O  D  O  P  B  T  K  L  F
N  X  U  O  U  K  O  A  L  A
```

KAKAPO	KANGAROO
KARAKUL	KATYDID
KING CRAB	KINKAJOU
KIWI	KOALA
KRILL	KUDU

MONSTERS

```
O  H  T  A  I  L  O  G  E  U
M  I  N  O  T  A  U  R  Y  J
L  U  O  H  G  A  F  R  U  A
T  N  E  C  P  C  P  V  N  R
O  C  I  N  U  F  L  O  W  E
R  E  W  X  U  E  R  I  P  M
A  V  X  I  Z  M  E  R  M  A
I  D  M  U  T  A  N  T  O  H
Q  I  Q  S  P  O  L  C  Y  C
```

CENTAUR\	CHIMERA\
CYCLOPS\	GHOUL \
GOLIATH\	MERMAID\
MINOTAUR\	MUTANT\
UNICORN\	VAMPIRE\
WEREWOLF\	ZOMBIE\

BEACH STUFF

```
G D B M C O V E C K
E M U I A D L Y O C
Y A B N K L I I O O
J C A P E I C V L N
C O R A L H N S E C
G K T S A O C I R H
K B E A C H B A L L
B A R C H H D O E W
U Y E L C A N R A B
K L A W D R A O B T
```

BARNACLE	BAY
BEACH	BEACHBALL
BIKINI	BOARDWALK
BOAT	CAPE
CLAM	COAST
CONCH	COOLER
CORAL	COVE
CRAB	DIVE
DUNE	

HALLOWEEN

```
R  T  S  O  H  G  W  C  S  D
T  Y  R  A  C  S  I  V  W  O
Y  R  K  F  A  X  T  Z  E  O
C  A  E  E  N  I  C  K  E  R
S  O  O  I  D  M  H  Z  T  B
P  L  S  O  Y  I  U  S  S  E
I  S  L  T  B  H  R  T  V  L
D  M  T  E  U  V  B  Y  U  L
E  H  C  A  P  M  Z  T  A  A
R  N  O  X  B  S  E  W  I  H
```

AUTUMN	BATS
BOO	CANDY
COSTUME	DOORBELL
GHOST	HAY RIDE
SCARY	SPELLS
SPIDER	SWEETS
WITCH	

R ANIMALS

```
C  S  C  H  C  A  O  R  N  C
O  B  R  E  L  I  T  P  E  R
R  F  O  R  E  D  W  O  L  F
E  A  D  N  A  P  D  E  R  H
I  A  E  H  R  N  T  K  A  U
N  V  N  U  A  R  I  O  C  V
D  G  T  Q  B  A  T  B  C  W
E  R  Q  R  B  Y  C  W  O  B
E  A  R  H  I  N  O  U  O  R
R  T  X  G  T  S  F  A  N  B
```

RABBIT	RACCOON
RAT	RAY
RED PANDA	RED WOLF
REINDEER	REPTILE
RHEA	RHINO
ROACH	ROBIN
RODENT	

TRAVELING

```
Z  K  E  N  A  L  P  R  I  A
Y  A  R  P  S  G  U  B  I  S
T  R  O  P  R  I  A  L  N  U
D  H  A  D  U  M  R  E  B  N
C  O  F  K  G  S  P  A  I  N
A  T  R  R  S  N  H  C  P  Y
M  E  I  Z  J  A  I  P  A  M
E  L  C  E  K  A  L  K  Z  C
R  J  A  M  A  I  C  A  I  C
A  O  C  I  X  E  M  D  J  B
```

AFRICA	AIRPLANE
AIRPORT	ALASKA
BERMUDA	BIKING
BUG SPRAY	CAMERA
HOTEL	JAMAICA
LAKE	MAP
MEXICO	PARIS
SPAIN	SUNNY

SPRINGTIME

```
B  Y  G  N  I  L  K  C  U  D
F  J  T  A  I  Q  V  H  D  K
R  B  S  S  R  A  Z  I  A  I
O  E  U  M  E  D  R  C  F  T
G  E  W  N  O  N  E  K  F  E
Y  S  B  O  N  S  D  N  O  S
J  W  T  M  L  Y  S  R  D  P
N  U  S  N  A  F  K  O  I  C
L  I  R  P  A  L  L  I  L  B
T  Y  L  F  R  E  T  T  U  B
```

ANTS	APRIL
BEES	BIRD NEST
BLOSSOMS	BUNNY
BUTTERFLY	CHICK
DAFFODIL	DUCKLING
FLOWER	FROG
GARDEN	KITES
LAMB	RAIN
SUN	

NEW YEARS EVE

```
P  A  J  A  N  U  A  R  Y  R
I  T  T  E  F  N  O  C  D  P
G  O  O  D  L  U  C  K  A  P
S  T  R  E  C  N  O  C  N  B
G  O  K  C  D  M  C  A  C  O
I  A  I  E  D  O  L  S  I  N
F  S  S  M  M  Y  O  R  N  F
T  T  S  B  L  Y  C  F  G  I
S  S  E  E  U  Y  K  I  N  R
O  P  O  R  D  L  L  A  B  E
```

BALL DROP	BONFIRE
CLOCK	CONCERTS
CONFETTI	DANCING
DECEMBER	FOOD
GIFTS	GOOD LUCK
JANUARY	KISS
TOASTS	

MORE ANIMALS

```
T  N  N  O  T  K  N  A  L  P
S  P  A  O  G  N  A  X  P  E
V  L  E  C  E  R  J  X  I  K
G  R  A  N  I  G  C  M  N  I
F  U  P  M  G  L  I  A  N  N
I  E  B  E  M  U  E  P  I  G
M  L  Q  L  T  A  I  P  P  E
T  D  F  G  L  R  M  N  E  S
P  I  K  A  C  I  E  D  D  E
A  H  N  A  R  I  P  L  S  C
```

MAMMALS	PEKINGESE
PELICAN	PENGUIN
PETREL	PIG
PIGEON	PIKA
PILL BUG	PINNIPEDS
PIRANHA	PLANKTON

U V W AND Y DOG BREEDS

```
Y O R K I E G V V V
S W W A N T W O F I
K E N I S O Z D A T
P S H A L S Z I V Z
P T R B G D O U C N
M I Q X Q A D B Y E
J E L P A C N O K Q
G P E B Y K U O G X
G O D R E T A W T C
P T E P P I H W C U
```

UTONAGAN
WATER DOG
WHIPPET
YORKIE

VIZSLA
WESTIE
WILD DOG

BIRDIES

```
F  L  E  D  G  E  S  O  O  G
N  N  F  L  A  M  I  N  G  O
Y  O  R  E  K  C  I  L  F  L
F  G  C  E  S  U  O  R  G  F
T  E  G  L  J  T  M  M  U  Q
H  H  A  E  A  G  L  E  L  S
F  C  G  T  G  F  E  Y  L  F
V  O  N  I  H  R  E  D  I  E
G  I  W  I  L  E  E  X  Q  C
K  C  O  L  F  F  R  T  X  B
```

EAGLE	EGG
EGRET	EIDER
EMU	FALCON
FEATHER	FINCH
FLAMINGO	FLEDGE
FLICKER	FLIGHT
FLOCK	FLY
FOWL	GOOSE
GROUSE	GULL

V ANIMALS

L Z D Q D K Q I E O

E P D J O C D L Y V

T C N Y S X I H K U

K G O P F A N V P L

R K T A M R R K B T

O E Z O D T Z F K U

G F P Y U K B P S R

Z X X I V K Z X J E

D H X N V V L G W W

S P L K I G J S N M

VIPER   VULTURE

MORE LIZARDS
Puzzle # 1

N	K	N	I	K	S		T
E	O	D	S				U
N	L	H	R	N			R
A	A	I	T	A	A		T
	B	P	T	Y	Z	K	L
		M	I	P	P	I	E
			A	A	E		L
			M	T	R		

MORE CREATURES
Puzzle # 2

	M	R	E	V	A	E	B
	N	O				N	N
N	A	N	L	N		U	A
U	R	Y		E		M	N
T	W	M	N	N	R	B	D
R	H	P		E		A	U
I	A	H			S	T	T
A	L		N	E	W	T	

ANIMALS R COOL
Puzzle # 3

	C	O	P	P		I	H
	R	E	T	S	M	A	H
H	A	R	E	S	R	O	H
	B	U	G	O	O	S	E
G	N	I	R	R	E	H	
	H	E	R	O	N		
		E	K	W	A	H	
H	O	R	N	E	T		

MORE HALLOWEEN
Puzzle # 4

		Y	L				
D	C	N	P	U			
G	R	C	I	E	O		
O	Y	A	E	F	E	H	
B	P	N	C	V	F	R	G
L	T	D		U	A	O	C
I		L			L	R	C
N		E				A	G

FINDING ANIMALS
Puzzle # 5

	L	E	M	M		I	N	G
N	G	A	R	N				
L	R	U	D	U	O			
L	I	O	B	Y	M	I		
	A	C	H	E	B	E	L	
		R	E	G	N	U	L	
			V		E	U	G	
T	O	U	C	A	N	L	J	

LETS GO
Puzzle # 6

	F	H						
H	O	L	I	D	A	Y		
		L	O	K				
E	N	I	L	R	I	A		
			O	I	N			
			M	R	D	G		
	S	A	X	E	T	T	A	
	S	E	I	V	O	M	S	

CHRISTMASTIME
Puzzle # 7

	W	R	E	A	T	H	P
N	D						R
P	A	A					E
Z	A	M	D				S
	I	P	W	I			E
		L	E	O	V		N
			E	R	N	A	T
				F		S	N

MORE COOL CRITTERS
Puzzle # 8

M	Y	B	A	L		L	A	W
Q	U	A	I	L				A
W		S	E	A	L			L
A		R	S					R
S			E	O				U
P				P	P			S
					I	O		
E	R	U	T	L	U	V		

K ANIMALS
Puzzle # 9

	K	I	W	I			
A		A					
	L		K	R	I	L	L
	K	A	R	A	K	U	L
K			O		P		
	U			K		O	
D	I	D	Y	T	A	K	
			U				

PEOPLE
Puzzle # 10

M			H				
O	N	L	O	C	N	I	L
N	E	P	U				
E	W	L	D			F	
T	T	A	I			O	
	O	T	N	L		R	
	N	O	I		A	D	
T	R	A	Z	O	M	G	

CHRISTMASTIME
Puzzle # 11

	C	H	I	M	N	E	Y
	E	G	G	N	O	G	
F	H	P	L	O	D	U	R
R	B	F		E			
O		E	R		G		
S			L	A		N	
T				L	C		A
Y					S	S	

ANIMALS ARE COOL
Puzzle # 12

		H	D				L
	E	L	T	R	U	T	L
R		X	D	O	E	P	A
C	E		O		L	H	M
R	L	H	G	F	K	S	A
O		I	P			C	
W			O	O		O	
				N	G	W	

I ANIMALS
Puzzle # 13

<table>
<tr><td></td><td>D</td><td>O</td><td>P</td><td>O</td><td>S</td><td>I</td><td></td></tr>
<tr><td></td><td></td><td></td><td></td><td></td><td></td><td>N</td><td></td></tr>
<tr><td>I</td><td></td><td>A</td><td></td><td></td><td></td><td>S</td><td></td></tr>
<tr><td>M</td><td>O</td><td></td><td>N</td><td></td><td></td><td>E</td><td></td></tr>
<tr><td>P</td><td>I</td><td>G</td><td></td><td>A</td><td></td><td>C</td><td></td></tr>
<tr><td>A</td><td></td><td>B</td><td>A</td><td></td><td>U</td><td>T</td><td></td></tr>
<tr><td>L</td><td></td><td></td><td>I</td><td>M</td><td></td><td>G</td><td></td></tr>
<tr><td>A</td><td></td><td></td><td>S</td><td>I</td><td></td><td></td><td>I</td></tr>
</table>

KNOW ANIMALS
Puzzle # 14

<table>
<tr><td>B</td><td></td><td>N</td><td>O</td><td>S</td><td>I</td><td>B</td><td></td></tr>
<tr><td>I</td><td></td><td>E</td><td>L</td><td>T</td><td>E</td><td>E</td><td>B</td></tr>
<tr><td>V</td><td></td><td>B</td><td></td><td></td><td></td><td>B</td><td>B</td></tr>
<tr><td>A</td><td>B</td><td>E</td><td>A</td><td>G</td><td>L</td><td>E</td><td>E</td></tr>
<tr><td>L</td><td>E</td><td>A</td><td></td><td></td><td></td><td>D</td><td>E</td></tr>
<tr><td>V</td><td>A</td><td>V</td><td>B</td><td>I</td><td>L</td><td>B</td><td>Y</td></tr>
<tr><td>E</td><td>R</td><td>E</td><td></td><td></td><td></td><td>U</td><td></td></tr>
<tr><td>B</td><td>I</td><td>R</td><td>D</td><td></td><td></td><td>G</td><td></td></tr>
</table>

HOUSEHOLD ITEMS
Puzzle # 15

<table>
<tr><td>C</td><td>C</td><td>E</td><td>T</td><td>K</td><td></td><td></td><td></td></tr>
<tr><td>T</td><td>H</td><td>R</td><td>G</td><td>N</td><td>S</td><td></td><td></td></tr>
<tr><td>N</td><td>A</td><td>A</td><td>A</td><td>A</td><td>I</td><td>E</td><td></td></tr>
<tr><td></td><td>O</td><td>M</td><td>R</td><td>Y</td><td>R</td><td>A</td><td>D</td></tr>
<tr><td></td><td></td><td>T</td><td>R</td><td>G</td><td>O</td><td>A</td><td>P</td></tr>
<tr><td></td><td></td><td></td><td>T</td><td>O</td><td>E</td><td>N</td><td>G</td></tr>
<tr><td>T</td><td>S</td><td>E</td><td>V</td><td>U</td><td>O</td><td>R</td><td>S</td></tr>
<tr><td>E</td><td>M</td><td>A</td><td>R</td><td>F</td><td>B</td><td>D</td><td></td></tr>
</table>

REPTILES
Puzzle # 16

<table>
<tr><td>R</td><td>E</td><td>D</td><td>D</td><td>A</td><td>S</td><td>P</td><td></td></tr>
<tr><td></td><td>C</td><td>N</td><td></td><td></td><td></td><td></td><td></td></tr>
<tr><td>G</td><td></td><td>A</td><td>O</td><td>K</td><td>C</td><td>E</td><td>G</td></tr>
<tr><td>A</td><td></td><td></td><td>I</td><td>G</td><td></td><td></td><td></td></tr>
<tr><td>V</td><td>R</td><td></td><td></td><td>M</td><td>A</td><td></td><td></td></tr>
<tr><td>I</td><td></td><td>B</td><td></td><td></td><td>A</td><td>R</td><td></td></tr>
<tr><td>A</td><td>A</td><td>N</td><td>O</td><td>L</td><td>E</td><td>N</td><td>D</td></tr>
<tr><td>L</td><td></td><td></td><td></td><td>C</td><td></td><td></td><td></td></tr>
</table>

SPRINGTIME
Puzzle # 17

R	S		C	B	N		
A	S	E	S	H	M	U	
I		T	T	E	I	A	S
N	R		N	I	E	C	L
G	O	R	F	A	K	B	K
	B		Y	N	N	U	B
	I	A	P	R	I	L	
	N	R	E	W	O	L	F

FIND COOL CRITTERS
Puzzle # 18

S	E	L	O	P	D	A	T
U	W	T	A	R	P	O	N
N		A	R	I	P	A	T
F		N					
I	R	E	G	A	N	A	T
S	T	O	R	K			
H		T	F	I	W	S	
	N	I	R	A	M	A	T

WINTER HOLIDAYS
Puzzle # 19

		T	I	N	S	E	L
			G				
	S	U	P	M	A	R	K
H	A	R	O	N	E	M	
			Y	U	L	E	
	I	C	I	C	L	E	
	W	R	E	A	T	H	
W	A	S	S	A	I	L	

NEW YEARS EVE
Puzzle # 20

	J	A	N	U	A	R	Y
			B				
	C	L	O	C	K	P	
G	N	I	C	N	A	D	A
S	D	O	O	F		R	
	S	T	F	I	G		A
S	E	I	T	R	A	P	D
		K	E			E	

U ANIMALS
Puzzle # 21

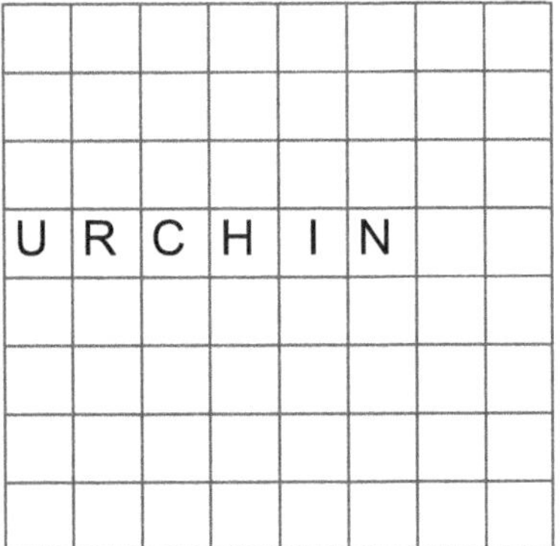

U	R	C	H	I	N		

B ANIMALS
Puzzle # 22

T		N		B			
	A		O		E		
		B	B	O	D		B
R	E	V	A	E	B		I
	B		S	D	U	A	L
		E	S		G	B	B
	B	E	A	G	L	E	Y
D	R	I		B	R		E	R

MID FALL
Puzzle # 23

	C	L	E	A	V	E	S
S		H				F	
H	E	R	I	F	N	O	B
I		L		L		L	
K			P		L	I	S
I				P		A	O
N	R	A	K	E	A	G	U
G		W	O	R	C	E	P

MORE ANIMALS
Puzzle # 24

	J	E	R	B	O	A	
P	C	R		G	U	P	S
U	O	R	A	M	O	T	H
F		O	A	U			A
F			D	N	G	J	R
I				L	E	A	K
N			J	O	E	Y	J
			J	U	N	C	O

VALENTINE\'S HOLIDAY
Puzzle # 25

C	U	P	I	D			H
S	A	Y	X	E	S		U
T	E	N	R				G
E	F	S	D	O	V	E	S
	T	I	O	Y	M		
		A	G	R		E	
		S	D	R	A	C	O
D	I	A	M	O	N	D	

BIRD STUFF
Puzzle # 26

	W	E		N	L	W	O
E		A	L	M	E		
N	T	M	C	O		N	
N	I	A	A	A	I		E
	A	T	R	G	M	R	
		N	R	G	P		O
		D	A	I	I		
T	S	E	N	U	M	M	E

COOL CREATURES
Puzzle # 27

	L	A					
		A	G	T			
A		K	Z	G	A		
L	K	D	W	T	A	R	
R	I	K	U	A	E	U	
	A	A	O	C	H	U	Q
		Y	U	U	K		Q
L	L	O	U	Q	Q		

KINDS OF CRITTERS
Puzzle # 28

D	D	O	G	D	O	V	E
O	C	A	R	I	B	O	U
N		L	D	O	R	Y	
K			E		A	N	T
E		N	A	M	I	A	C
Y	B	U	F	F	A	L	O
L	A	C	A	R	A	C	
	C	A	N	A	R	Y	

KNOWING ANIMALS
Puzzle # 29

K	R	B	A	B	O	O	N
	R	E		S			
		A	G		S		
			H	D	C	A	
				S	A		B
T					M	B	
	A				E		
		B			L		

ACTIONS
Puzzle # 30

B				B	F		C
A		B		A	I	D	A
T	S	O		K	L	I	M
H	E	W		I	M	V	P
I	W	L		N	I	I	I
N	I	I	L	G	N	N	N
G	N	N		A	G	G	G
	G	G			B		

Puzzle #1

9	2	8	6	4	5	7	1	3
5	4	6	7	3	1	8	9	2
1	7	3	2	8	9	4	5	6
6	9	4	5	1	8	3	2	7
7	3	1	9	2	4	5	6	8
8	5	2	3	7	6	9	4	1
3	6	5	1	9	7	2	8	4
2	8	9	4	6	3	1	7	5
4	1	7	8	5	2	6	3	9

Puzzle #2

5	7	3	9	6	4	2	1	8
2	1	9	7	3	8	6	5	4
4	8	6	2	1	5	9	3	7
3	2	7	8	9	1	4	6	5
8	4	5	6	2	3	7	9	1
6	9	1	4	5	7	8	2	3
9	5	8	3	4	6	1	7	2
7	3	2	1	8	9	5	4	6
1	6	4	5	7	2	3	8	9

Puzzle #3

9	5	8	1	4	7	2	3	6
3	7	6	8	9	2	4	5	1
1	4	2	6	5	3	8	9	7
7	2	4	3	8	1	9	6	5
8	6	1	9	7	5	3	4	2
5	9	3	2	6	4	1	7	8
2	1	5	7	3	9	6	8	4
4	8	9	5	1	6	7	2	3
6	3	7	4	2	8	5	1	9

Puzzle #4

2	6	8	5	4	1	9	7	3
9	1	5	3	7	8	4	2	6
4	7	3	2	9	6	1	8	5
5	9	6	7	3	4	2	1	8
8	3	7	6	1	2	5	9	4
1	2	4	9	8	5	6	3	7
6	8	9	1	5	3	7	4	2
7	4	2	8	6	9	3	5	1
3	5	1	4	2	7	8	6	9

Puzzle #5

8	4	5	2	6	7	9	1	3
3	6	7	1	9	5	8	4	2
2	1	9	8	4	3	7	5	6
1	9	3	5	7	6	2	8	4
5	2	4	9	1	8	6	3	7
7	8	6	3	2	4	1	9	5
4	5	1	7	8	2	3	6	9
9	3	2	6	5	1	4	7	8
6	7	8	4	3	9	5	2	1

Puzzle #6

9	2	5	4	3	7	1	8	6
7	1	8	6	5	2	9	3	4
4	3	6	8	9	1	5	2	7
2	8	7	9	1	4	6	5	3
1	6	9	3	8	5	7	4	2
3	5	4	7	2	6	8	1	9
8	4	3	1	6	9	2	7	5
5	9	1	2	7	3	4	6	8
6	7	2	5	4	8	3	9	1

Puzzle #7

6	9	8	7	2	5	3	4	1
2	7	4	6	1	3	8	9	5
5	1	3	8	4	9	6	7	2
7	2	9	4	3	1	5	8	6
8	4	6	2	5	7	1	3	9
1	3	5	9	6	8	7	2	4
9	8	1	5	7	4	2	6	3
4	5	2	3	8	6	9	1	7
3	6	7	1	9	2	4	5	8

Puzzle #8

3	1	9	8	7	6	5	4	2
4	8	7	2	3	5	1	9	6
2	5	6	1	9	4	8	7	3
9	3	1	7	5	2	4	6	8
6	7	2	4	8	3	9	1	5
5	4	8	6	1	9	2	3	7
7	2	4	5	6	1	3	8	9
1	6	3	9	2	8	7	5	4
8	9	5	3	4	7	6	2	1

Puzzle #9

2	9	6	7	1	3	4	5	8
8	7	5	4	9	2	6	1	3
4	1	3	6	8	5	7	9	2
3	6	2	5	7	9	8	4	1
9	4	1	2	6	8	3	7	5
5	8	7	3	4	1	9	2	6
1	2	4	9	3	6	5	8	7
6	5	9	8	2	7	1	3	4
7	3	8	1	5	4	2	6	9

Puzzle #10

1	3	2	5	8	9	7	4	6
8	7	9	6	1	4	2	3	5
6	4	5	7	3	2	9	1	8
5	8	4	9	7	6	3	2	1
9	6	7	1	2	3	8	5	4
2	1	3	4	5	8	6	9	7
4	5	6	2	9	7	1	8	3
7	9	8	3	4	1	5	6	2
3	2	1	8	6	5	4	7	9

Puzzle #11

9	3	7	6	2	1	5	4	8
4	8	1	3	9	5	2	6	7
5	6	2	7	4	8	1	3	9
3	2	4	1	8	6	7	9	5
7	9	5	2	3	4	8	1	6
8	1	6	9	5	7	4	2	3
2	4	8	5	6	3	9	7	1
6	7	9	8	1	2	3	5	4
1	5	3	4	7	9	6	8	2

Puzzle #12

5	3	1	2	7	8	9	6	4
2	8	6	9	4	1	7	5	3
4	7	9	6	5	3	1	8	2
6	5	2	8	3	7	4	1	9
7	4	3	1	6	9	5	2	8
1	9	8	4	2	5	6	3	7
8	2	7	5	1	4	3	9	6
9	1	4	3	8	6	2	7	5
3	6	5	7	9	2	8	4	1

Puzzle #13

6	9	5	8	1	4	3	7	2
2	3	7	9	5	6	4	8	1
1	4	8	3	7	2	9	6	5
4	2	9	6	3	5	8	1	7
5	8	6	1	9	7	2	3	4
3	7	1	2	4	8	5	9	6
8	1	4	5	6	9	7	2	3
9	5	3	7	2	1	6	4	8
7	6	2	4	8	3	1	5	9

Puzzle #14

3	5	9	1	2	8	4	7	6
6	1	4	3	9	7	5	2	8
8	2	7	5	6	4	1	3	9
7	8	6	2	4	9	3	5	1
5	9	2	8	3	1	7	6	4
4	3	1	7	5	6	8	9	2
2	4	5	9	1	3	6	8	7
9	6	8	4	7	5	2	1	3
1	7	3	6	8	2	9	4	5

Puzzle #15

7	2	1	9	8	5	3	6	4
8	6	4	2	1	3	5	9	7
3	5	9	7	4	6	2	1	8
9	8	7	1	3	4	6	5	2
4	1	5	6	7	2	9	8	3
6	3	2	5	9	8	7	4	1
1	4	6	3	2	9	8	7	5
5	7	3	8	6	1	4	2	9
2	9	8	4	5	7	1	3	6

Puzzle #1

1	2	6	3	4	5
4	3	5	1	6	2
3	4	1	2	5	6
6	5	2	4	1	3
5	1	3	6	2	4
2	6	4	5	3	1

Puzzle #2

6	4	2	1	3	5
1	5	3	6	2	4
2	3	5	4	6	1
4	1	6	2	5	3
3	2	1	5	4	6
5	6	4	3	1	2

Puzzle #3

3	6	2	1	5	4
4	5	1	2	3	6
6	3	5	4	1	2
2	1	4	3	6	5
1	2	6	5	4	3
5	4	3	6	2	1

Puzzle #4

4	6	5	3	1	2
1	3	2	6	4	5
6	1	3	2	5	4
5	2	4	1	3	6
3	5	6	4	2	1
2	4	1	5	6	3

Puzzle #5

5	3	2	6	4	1
6	1	4	3	2	5
1	4	6	5	3	2
2	5	3	1	6	4
3	2	1	4	5	6
4	6	5	2	1	3

Puzzle #6

6	5	3	2	4	1
4	2	1	3	5	6
3	4	5	6	1	2
2	1	6	5	3	4
5	6	4	1	2	3
1	3	2	4	6	5

Puzzle #7

2	6	5	1	4	3
1	4	3	5	2	6
3	5	1	2	6	4
6	2	4	3	1	5
5	1	6	4	3	2
4	3	2	6	5	1

Puzzle #8

2	3	5	4	6	1
1	6	4	2	3	5
4	5	6	3	1	2
3	2	1	6	5	4
5	4	3	1	2	6
6	1	2	5	4	3

Puzzle #9

1	4	3	5	6	2
6	5	2	4	1	3
2	3	1	6	5	4
5	6	4	3	2	1
4	2	6	1	3	5
3	1	5	2	4	6

Puzzle #10

6	4	2	1	5	3
3	5	1	2	6	4
2	6	5	4	3	1
1	3	4	6	2	5
4	2	3	5	1	6
5	1	6	3	4	2

Puzzle #11

6	3	4	2	1	5
5	1	2	4	3	6
4	5	3	1	6	2
1	2	6	5	4	3
3	4	5	6	2	1
2	6	1	3	5	4

Puzzle #12

2	1	3	6	4	5
4	5	6	2	1	3
6	4	2	5	3	1
5	3	1	4	2	6
3	6	4	1	5	2
1	2	5	3	6	4

Puzzle #13

```
3  5  2 | 6  4  1
1  4  6 | 5  3  2
--------+--------
6  2  3 | 4  1  5
5  1  4 | 2  6  3
--------+--------
4  3  5 | 1  2  6
2  6  1 | 3  5  4
```

Puzzle #14

```
6  4  5 | 2  1  3
1  2  3 | 6  5  4
--------+--------
5  1  6 | 4  3  2
4  3  2 | 5  6  1
--------+--------
3  5  4 | 1  2  6
2  6  1 | 3  4  5
```

Puzzle #15

```
4  2  5 | 6  3  1
6  1  3 | 2  5  4
--------+--------
3  6  1 | 5  4  2
5  4  2 | 3  1  6
--------+--------
1  5  6 | 4  2  3
2  3  4 | 1  6  5
```

MORE INSECTS

APREP PASW	PAPER WASP
LETPOARPPHN	PLANTHOPPER
ODNP TERKAS	POND SKATER
APUP	PUPA
CAHOR	ROACH
EBBRRO LYF	ROBBER FLY
BSAACR	SCARAB
ORIMWKSL	SILKWORM
FHSERLVISI	SILVERFISH
PKSPIER	SKIPPER
ISBEPUTTLG	SPITTLEBUG
IAGPTSNRLI	SPRINGTAIL

BEACH STUFF

RALANCBE	BARNACLE
IBAGHTN UTIS	BATHING SUIT
AYB	BAY
EABHC	BEACH
CBHABLALE	BEACHBALL
KIIBNI	BIKINI
DKABLARWO	BOARDWALK
TAOB	BOAT
OGEIOB DAROB	BOOGIE BOARD
PACE	CAPE
MAANTAACR	CATAMARAN
LACM	CLAM

BUGS

EJUN GBU	JUNE BUG
DKYDATI	KATYDID
NIGKSIS GBU	KISSING BUG
GIWELNAC	LACEWING
DBLUAYG	LADYBUG
ALVRA	LARVA
OARHFPPELE	LEAFHOPPER
ICEL	LICE
TOSCLU	LOCUST
SEOLU	LOUSE
NLUA HOTM	LUNA MOTH
OAMGGT	MAGGOT

WATERS

OAOYRR	ARROYO
SBINA	BASIN
AYB	BAY
UYBOA	BAYOU
EDBN	BEND
GHITB	BIGHT
ONIGLBLAB	BILLABONG
GBO	BOG
KORBO	BROOK
AACLN	CANAL
AARCCTAT	CATARACT
ENHCLAN	CHANNEL

IMPORTANT INSECTS

MAUSBH GBU	AMBUSH BUG
TAN	ANT
PDAIH	APHID
ROWYARMM	ARMYWORM
SSIAASSN GBU	ASSASSIN BUG
LSAAT OTHM	ATLAS MOTH
CMKBMESIWRA	BACKSWIMMER
DEBGUB	BEDBUG
EBE	BEE
LEEBTE	BEETLE
UETBL	BLUET
ERBOR	BORER

SCARY STUFF
Puzzle # 1

P	U	M	P	K	I	N	S		
E	I	B	M	O	Z	H			
D	R	A	Y	E	V	A	R	G	W
M						L		V	E
O		T				L		A	R
N	Y		E	I		G	O	R	M	E
S		R		R		W		P	W
T			A		C	E		I	O
E				C		E		R	L
R	E	D	I	P	S	N	S	E	F

S CRITTERS
Puzzle # 2

R	S	E	A	O	T	T	E	R	S
	A	W	S	L	K				H
		T	O	R	A	R			R
		S	C	O	E	A			E
		A	A	H	S	H	W
P	E	E	H	S	E	E	A		S
M	R	O	W	A	E	S	S	E
		N	O	I	L	A	E	S
S	C	O	R	P	I	O	N
		S	E	R	V	A	L

MIGRATION BUDDIES
Puzzle # 3

	K	W	O	R	R	A	P	S
R	S	H	R	I	K	E		S
	E	Y		A				N
	A	P	A	K	L			O
S	B		I	J	R	Y		W
W	I	N	E	P	B	O	K	B
I	R		A	P	D	U	T	S	I
F	D			W	I	N	R	S	R
T	N	I	T	S	S	N	A	C	D
L	W	O	Y	W	O	N	S	S	S

AANIMALS
Puzzle # 4

A	S	A	L	G	A	E	A	P	E
N	A	S	B	A	E	P			
A	K	I	O	A	B	L	H		
C	L	R	R	R	L	E	O	I	
O		P	A	E	T	O	O	N	D
N			A	V	D	A	N	M	A
D			C	D	A	B	E	A
A	N	T			A	R	L	L
A	K	O	N	O	G	N	A	E	A
R	O	T	A	G	I	L	L	A

CHRISTMAS THINGS
Puzzle # 5

S	N	O	W	M	A	N			
N	A		S						C
	R	M	S	E	T	A	K	S	H
Y		O	T		E				O
J	T		C	S	D	R	A	C	C
I	S	S	P	P	I		T		O
N		L	O	N	O	R	T	H	L
G			L	R		P	H		A
L			E	E	F			C	T
E				B					E

WINTERTIME
Puzzle # 6

	M		T	J					
O	I	C	O	K	O				
R	S	I	B	R		Y			
N	T	D	O	A			F		
A	L	E	G	M				U	
M	E	R	G	P					L
E	T		A	U					
N	O		N	S	T	F	I	G	
T	E	C	A	L	P	E	R	I	F
S	C	H	O	C	O	L	A	T	E

MORE B ANIMALS
Puzzle # 7

B	U	T	T	E	R	F	L	Y	
B	U	L	L	F	R	O	G		
B	B	U	M	B	L	E	B	E	E
	O			L			X		
		N	B	U	L	L	D	O	G
		Y		G	U				B
	O	L	A	F	U	B			
				I		B			
	Y	B	A	B	H	S	U	B	
						H			

J ANIMALS
Puzzle # 8

	J	U	N	C	O				
A	U	E	J						
	N	J	L	A					
	E	I	O	L	Y				
	B	J	L	H	Y	E	O	J	
	U	E		E	N	F			
	G	R		V	D	I			
		B			A	O	S		
		O			J	R	H		
	R	A	U	G	A	J		Y	

CAN U FIND CRITTERS
Puzzle # 9

D	E	C	H	I	D	N	A	E	E
	R	L	L	O	U	Q	E	A	L
	D	I					A	R	E
		N	B				R	T	P
		T	A	E	E	L	W	H	H
E			E	L	U		I	W	A
	L			R	E	L	G	O	N
		G			G		B	R	T
			A			E		M	
		G	G	E	L	K			

CHRISTMASTIME
Puzzle # 10

S		L		Y			R		
F	P	Y	E	B	T		U		
	R	O	E	G	E	S	D		
	A	R	N	N	L	O			
	R	C	D	M	A	L	R		
	E	S	M	I	P	S	F	
G	O	N	G	G	E	U	H		
				N		G	C		
	C	I	N	N	A	M	O	N	
H	G	I	E	L	S		M		

CAR STUFF
Puzzle # 11

	C	R	U	I	S	E	R	H	D
P	O	T	H	T	O	L	C	A	R
E			C	O	U	P	E	R	A
A	S			O	M	I	L	D	G
U		R			M			T	S
T			A	J	Y	P		O	T
O			E		G	A	P	E	
G			E	H		G	C	R	
R	A	C		P				U	T
		S	D	O	R	T	O	H	B

N O AND P DOG BREEDS
Puzzle # 12

				P	U	G			
E									
N	S		P	O	I	N	T	E	R
	O	E	L						
	L	G	L						
		L	N	U					
			I	I	B				
E	L	D	O	O	P	K	T		
					A	E	I		
R	E	H	C	S	N	I	P	P	P

G ANIMALS
Puzzle # 13

	G	E	C	K	O	G	N	A	T
G	N	N	E	F	F	A	R	I	G
N	A	O	U			S			O
E	O	V	D		G	T		G	L
	L	B	I	O			R	E	D
	E	L	B	A	T	O	U	R	F
G	L	S	E	I	L	P		B	I
G	O	L	O	Z	G	O	Y	I	S
	A	A	U	O	A	D		L	H
		R	T	G	G	G			G

FIND THE ANIMALS
Puzzle # 14

	H	M	O	T	H		J		
R	J	S	G				U		
Y	E	A	I	U			N		
	R	I	V	F	B		C		
	O	R	E	Y	E	O	J		
		J	D	R	L	L	N		
	C	R	A	N	E	I	L	U	
			Y	H	T	N	E	J	
		J	E	R	B	O	A	A	J
		R	A	U	G	A	J		

WILD ANIMALS
Puzzle # 15

		G	N	I		L	K	C	U	D
		Y			N	B	U	C	W	
	N	D	E	T	O	A	D		O	
B		E		K		D	M		R	
	A	E	K		N		O	U	M	
G	O	R	F	C	R	O	W	V	H	
F	L	A	C		I	P	D		E	
T	O	U	C	A	N	H	S	I	F	
	H	S	I	F	T	A	C	A		
J	E	L	L	Y	F	I	S	H	W	

T ANIMALS
Puzzle # 16

E	T	A	R	A	N	T	U	L	A
N	L		R	E	G	A	N	A	T
D	O	O		T	A	R	P	O	N
	A	D	P	I	R	H	T	T	
T	R	O	O	D	O	N		O	
N	T		T	H	A	A	N	U	T
T	R	O	U	T	C	T	I	C	K
	E	E	N	I	R	A	M	A	T
	X		T	A	P	I	R	N	
	T	R	I	L	O	B	I	T	E

SCARY
Puzzle # 17

	G	H	O	U	L			W	E
R	I	P	M	A	V		E	E	R
T	C	E	P	S		R		T	
						E		S	D
N	E	I	F		W			E	O
G	R	E		O				T	H
				L					U
G				F		K	A	E	R
F					N	I	L	B	O
G									

MORE FISH
Puzzle # 18

H	M	H	S	I	F	K	C	A	J
N	S	E	S	M	I	N	N	O	W
P	I	I	G	I			J		P
O	P	L	F	A	F		O		E
R	I	L	R	E	L	G	H		R
G	K	O		A	C	O	N		C
Y	E	A			M	I	D	U	H
D	O	C	G	N	I	L	O	O	L
	H						R	K	N
	L	A	M	P	R	E	Y		

KANIMALS
Puzzle # 19

		B	A	R	C	G	N	I	K
K	I	N	K	A	J	O	U		
	L	U	K	A	R	A	K		
	K	K	A	T	Y	D	I	D	
	A		N						
	K		G	I					
	A	K	A		W				
	P	U	R	L	L	I	R	K	
	O	D	O				K		
		U	O		K	O	A	L	A

MONSTERS
Puzzle # 20

	H	T	A	I	L	O	G		
M	I	N	O	T	A	U	R		
L	U	O	H	G			R	U	A
T	N	E	C					N	R
O	C	I	N	U	F	L	O	W	E
R	E	W			E	R	I	P	M
A	V				M	E	R	M	A
I	D	M	U	T	A	N	T		H
			S	P	O	L	C	Y	C

BEACH STUFF
Puzzle # 21

	D	B	M	C	O	V	E	C	
	U	I	A	D			O	C	
Y	A	B	N	K	L	I		O	O
	C	A	P	E	I	C	V	L	N
C	O	R	A	L	H	N		E	C
	T	S	A	O	C	I	R	H	
	B	E	A	C	H	B	A	L	L
B	A	R	C				O	E	
	E	L	C	A	N	R	A	B	
K	L	A	W	D	R	A	O	B	T

HALLOWEEN
Puzzle # 22

	T	S	O	H	G	W		S	D
	Y	R	A	C	S	I		W	O
			A		T			E	O
C		E	N		C			E	R
S	O	O		D	M	H		T	B
P	L	S	O	Y	I	U		S	E
I	S	L	T	B		R	T		L
D		T	E	U			Y	U	L
E		A	P	M				A	A
R			B	S	E				H

R ANIMALS
Puzzle # 23

		H	C	A	O	R			
		R	E	L	I	T	P	E	R
R		O	R	E	D	W	O	L	F
E	A	D	N	A	P	D	E	R	
I	A	E	H	R	N			A	
N		N		A	R	I		C	
D		T		B	A		B	C	
E	R			B	Y			O	
E	A	R	H	I	N	O		O	R
R	T			T				N	

TRAVELING
Puzzle # 24

	E	N	A	L	P	R	I	A	
Y	A	R	P	S	G	U	B		S
T	R	O	P	R		I	A		U
	H	A	D	U	M	R	E	B	N
C	O	F	K	G	S	P	A	I	N
A	T	R		S	N			P	Y
M	E	I			A	I	P	A	M
E	L	C	E	K	A	L	K		
R	J	A	M	A	I	C	A	I	
A	O	C	I	X	E	M			B

SPRINGTIME
Puzzle # 25

	G	N	I	L	K	C	U	D	
F		T	A	I			H	D	K
R	B	S	S	R	A		I	A	I
O	E	U	M	E	D	R	C	F	T
G	E	W	N	O	N	E	K	F	E
	S	B	O	N	S	D	N	O	S
		T	M	L	Y	S	R	D	
N	U	S	N	A	F		O	I	
L	I	R	P	A	L			L	B
	Y	L	F	R	E	T	T	U	B

NEW YEARS EVE
Puzzle # 26

	J	A	N	U	A	R	Y		
I	T	T	E	F	N	O	C	D	
G	O	O	D	L	U	C	K	A	
S	T	R	E	C	N	O	C	N	B
G	O	K	C	D		C		C	O
I	A	I	E		O	L		I	N
F	S	S	M			O		N	F
T	T	S	B			C	F	G	I
S	S		E			K			R
	P	O	R	D	L	L	A	B	E

MORE ANIMALS
Puzzle # 27

	N	N	O	T	K	N	A	L	P
S	P	A	O				P	E	
	L	E	C	E				I	K
G		A	N	I	G			N	I
	U	P	M	G	L	I		N	N
		B	E	M	U	E	P	I	G
			L	T	A	I	P	P	E
			L	R	M	N	E	S	
P	I	K	A		I	E		D	E
A	H	N	A	R	I	P	L	S	

U V W AND Y DOG BREEDS
Puzzle # 28

Y	O	R	K	I	E				
	W	W							
	E	N		I					
	S		A	L	S	Z	I	V	
	T			G	D				
	I			A	D				
	E				N	O			
					O	G			
G	O	D	R	E	T	A	W	T	
	T	E	P	P	I	H	W		U

BIRDIES
Puzzle # 29

F	L	E	D	G	E	S	O	O	G
N		F	L	A	M	I	N	G	O
	O	R	E	K	C	I	L	F	
F	G	C	E	S	U	O	R	G	
T	E	G	L		M		U		
H	H	A	E	A	G	L	E	L	
F	C	G	T	G	F		Y	L	F
	O	N	I	H	R	E	D	I	E
	W	I	L	E	E				
K	C	O	L	F	F	R	T		

V ANIMALS
Puzzle # 30

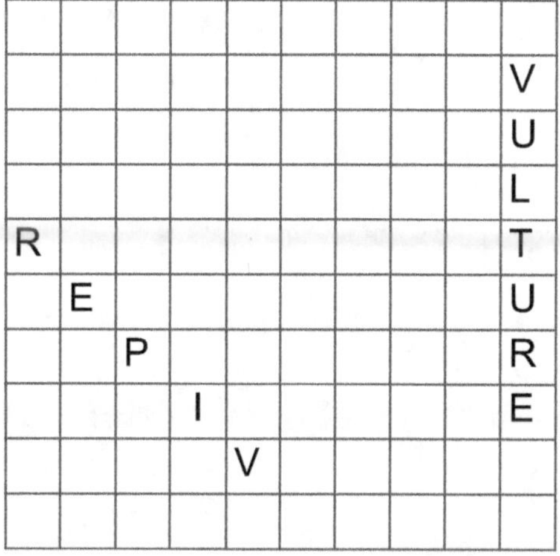